[illegible]

[illegible]iture, Sculpture,

[illegible]ure, Gravure, Dessins,

Arts Décoratifs,

Appliqués à l'Industrie

EXPOSÉS

[illegible] DU GRAND HOTEL, BIARRITZ

[illegible] 24 AOUT 1904

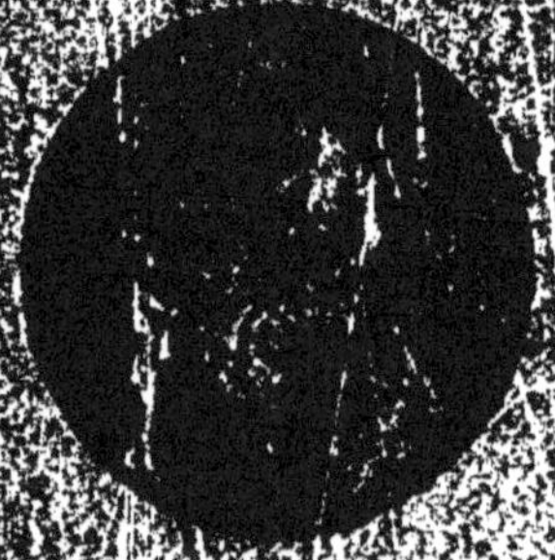

[illegible]UXIÈME EXPOSITION

[illegible] DES AMIS DES ARTS

[illegible]

EXPLICATION DES OUVRAGES

De Peinture, Sculpture,
Architecture, Gravure, Dessins,
Arts Décoratifs,
Arts appliqués à l'Industrie

EXPOSÉS

AU TENNIS DU GRAND HOTEL, BIARRITZ

LE 24 AOUT 1904

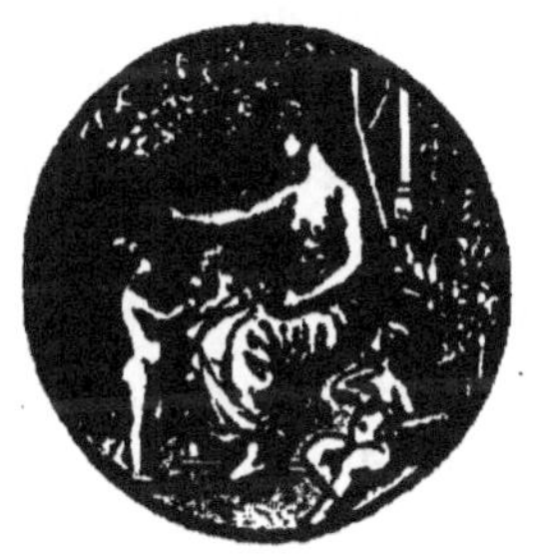

DEUXIÈME EXPOSITION

DE LA

SOCIÉTÉ DES AMIS DES ARTS

DE BAYONNE-BIARRITZ

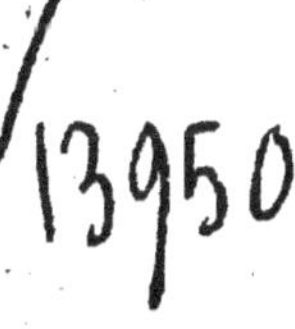

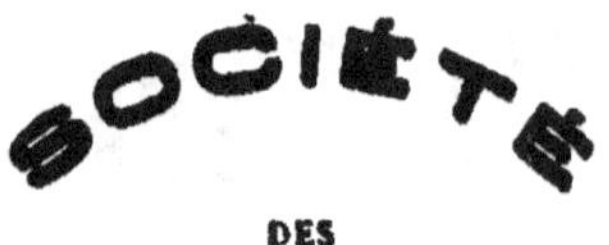

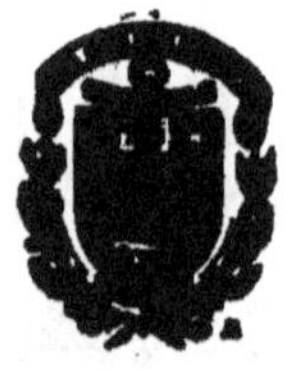

DES

Amis des Arts de Bayonne-Biarritz

STATUTS

Votés par l'Assemblée générale du 27 Septembre 1902

But de la Société

Article Premier. — Une Société des Amis des Arts est fondée à Bayonne-Biarritz dans l'objet de propager le goût des Arts et d'en favoriser la culture au moyen d'expositions publiques et d'acquisitions d'objets d'art choisis parmi ceux exposés.

Elle aura un caractère international.

Art. 2. — Les tableaux et objets d'art acquis par la Société sont partagés par la voie du sort entre tous les sociétaires porteurs de parts nominatives de vingt francs chacune.

Art. 3. — Chaque sociétaire aura la faculté de prendre plusieurs parts qui auront un droit égal dans la répartition.

Organisation de la Société

Art. 4. — La Société se compose de membres fondateurs, de membres souscripteurs et de membres correspondants.

Art. 5. — Les membres fondateurs sont ceux inscrits au moment de la première assemblée générale.

Les membres souscripteurs sont ceux qui feront partie de la Société après la première assemblée générale.

Les membres correspondants sont nommés par la commission administrative. Ils sont chargés de représenter la Société à Paris et d'y préparer les expositions. Ils font de droit partie du Jury.

ART. 6. — Tout membre souscripteur pourra devenir membre fondateur en souscrivant au moins deux parts annuelles.

ART. 7. — Les membres de la Société ne sont engagés que pour une année et pour le montant de leur souscription (l'année partant du 1er janvier).

ART. 8. — Les membres fondateurs sont seuls considérés comme membres actifs et ont seuls droit de prendre part à l'administration de la Société et aux délibérations des Assemblées générales.

Administration de la Société

ART. 9. — La Société est administrée par une Commission composée de deux présidents choisis l'un pour Bayonne l'autre pour Biarritz et de quatorze membres nommés à la majorité des suffrages en assemblée générale des membres fondateurs personnellement convoqués et quel que soit le nombre des membres présents.

ART. 10. — Les Présidents et les membres de la Commission sont nommés pour quatre ans et choisissent entre eux un ou deux vice-présidents, un ou deux secrétaires et un trésorier.

Tous les membres sont indéfiniment rééligibles.

ART. 11. — La Commission pourra s'adjoindre chaque année six membres destinés à la seconder dans ses travaux au moment des expositions.

Art. 12. — Les Artistes ayant exposé au salon de la Société des Artistes Français et à la Société Nationale des Beaux-Arts seront exempts de l'examen du Jury d'admission.

Art. 13. — Les Artistes membres du Bureau ne pourront prendre part aux travaux relatifs à l'achat des œuvres d'art, et ils ne pourront faire partie du Jury que s'ils sont exempts de l'examen du Jury d'admission.

Art. 14. — En cas de départ, décès ou démission, la Commission pourvoira elle-même au remplacement pendant la période courante.

Art. 15. — La Société se réserve en outre de nommer un Président, des Vice-Présidents et des membres d'honneur qui auront la faculté de prendre part aux travaux de la Commission.

Art. 16. — Les expositions auront lieu chaque année alternativement à Bayonne et à Biarritz.

Art. 17. — Le Président choisi pour Bayonne convoquera et présidera la Société l'année où l'exposition devra avoir lieu à Bayonne, et le Président choisi pour Biarritz convoquera et présidera la Société l'année où l'exposition devra avoir lieu à Biarritz.

Art. 18. — Le Président de la ville où doit avoir lieu l'exposition sera seul en fonction et aura seul voix prépondérante en cas de partage. Il fixera l'ordre du jour des réunions.

Art. 19. — Les Secrétaires sont chargés de la correspondance, de la rédaction des procès-verbaux des Assemblées générales, de la Commission administrative, et du soin des archives.

Art. 20. — Le Trésorier encaisse les fonds dont il reste

personnellement responsable et acquitte les dépenses ordonnancées par le Président.

Travaux de la Commission

Art. 21. — La Commission administrative organise les expositions, arrête les dispositions qui feront l'objet d'un règlement spécial, fixe l'ouverture des expositions et leur durée. Elle procède à la réception, à l'admission et au placement des envois.

Elle traite avec les artistes pour l'acquisition des œuvres.

Elle procède, en Assemblée générale, au tirage au sort et à la répartition des objets acquis par la Société entre les Sociétaires, en raison des souscriptions de chacun d'eux.

Art. 22. — Les décisions sont prises à la simple majorité des membres présents.

Art. 23. — Les recettes se composent :

1° Du montant des souscriptions ;

2° De la vente du livret ;

3° Des entrées et du vestiaire ;

4° Des subventions, dons, legs, etc., etc.

Art. 24. — Les Sociétaires ayant acquitté le montant de leurs souscriptions auront seuls droit à une carte d'entrée pendant toute la durée de l'exposition.

Emploi des Fonds

Art. 25. — Les fonds de la Société sont employés :

1° En achat de tableaux et objets d'art ;

2° En paiement des frais pour l'organisation des expositions et dépenses accessoires telles que : frais de bureau, de correspondance, d'avis, d'annonces, ou à tel fonds de réserve que la Commission jugera à propos d'établir.

Art. 26. — Ne pourront être achetés que les ouvrages faisant partie des expositions.

Art. 27. — Toute demande de modification aux présents statuts devra être préalablement remise à l'un des Présidents de la Société ; elle sera examinée par la Commission administrative qui devra la soumettre à la décision de l'Assemblée générale après en avoir fait mention dans les lettres de convocation.

Art. 28. — La Commission administrative ne pourra prendre de décision valable sans que tous ses membres aient été spécialement convoqués et sans que six au moins soient présents.

Art. 29. — Une Assemblée générale extraordinaire pourra être provoquée par une demande adressée à l'un des Présidents et portant les signatures d'au moins un tiers des membres fondateurs.

Art. 30. — Le siège de la Société est à Bayonne.

LISTE

DES

Membres de la Société

COMITÉ D'HONNEUR

Léon BONNAT ✻ G. C., artiste peintre, membre de l'Institut....	Président.
Armand DAYOT ✻ O., inspecteur des Beaux-Arts..................	Vice-Présidents.
Albert MAIGNAN ✻ O., artiste peintre........................	
Gustave COLIN ✻, artiste peintre...	
ARCOS ✻, id	Membres.
BORDES ✻, id.	
JOLYET ⓘ, artiste peintre, conservateur du Musée.......	
ST-GERMIER ✻, artiste peintre.....	
SAUBÈS ✻, id.	

CONSEIL D'ADMINISTRATION

Ed. de RIBEAUX ✻...............	Président pour Bayonne.
H. O'SHÉA ✻.....................	Président pour Biarritz,
A. LE BARILLIER, maire d'Anglet.	Vice-Président.
A. GOMMÈS.........................	Trésorier.
L. FERNANDEZ-PATTO............	Secrétaire-Général.
AGUERRÉGARAY...................	Secrétaires-Adjoints.
Bon de TURGY.....	

BURDETT-MASON..................	Membres.
CAZALIS..............................	
DÉTROYAT..........................	
Marie GARAY.......................	
Dr Georges LASSERRE............	
MARIN-MOLINAS....................	
J. MAUMÉJEAN......................	
OURY ⓘ..............................	
J. POYLO............................	

MEMBRES CORRESPONDANTS A PARIS

BERGÈS (Georges), CARO-DELVAILLE, ETCHEVERRY (Denis), MÈRE (Clément), PASCAU (Eugène), ROBY, ZO (H.-A.).

MEMBRES FONDATEURS

ADLR, (Ernest), villa Amade, Bayonne........ 1
AGUERREGARAY (Ch.) artis. peint. avenue de la Négresse Biarritz.............................. 1
ALCEDO (Marquise de), art. sculpt., villa Alcedo, Biarritz.. 5
ALEXANDRE (Edmond), Londres.................. 1
ARCOS (Santiago), Arcosenea, St-Jean-de-Luz et 46 ,rue Bassano, Paris......................... 1
AUSTRUIT (W.), 17, rue de France, Biarritz..... 1
AVEZAC DE CASTERA (d'), château d'Angoumé, (Landes).. 1
BAILAC (Gustave), juge au tribunal de commerce, négociant, Bayonne............................ 1
BARA (Anatole), 44, rue des Basques, Bayonne 1
BARON (Raymond), 6, rue Marca, Pau........... 1
BAILAC MILLION (Louis), art. peint. rue de l'Industrie, Biarritz.. 1
BEGUET, Direc. du **Crédit Lyonnais,** Bayonne. 1
BELLAIRS (Nigel) banquier, Biarritz.............. 1
BENARDAKY (Mme DE), villa Bénardaky, rue de France, Biarritz.. 1
BENOIT-LEVY (Abb.) art. sculpt., 30, avenue Malakoff, Paris.. 1
BERGÈS (Georges), art. peint., Bayonne........ 1
BERHO (François), juge au tribunal de commerce, courtier maritime, Bayonne.............. 1
BLAISE (Mme Ch.), rue d'Osuna, Biarritz........ 1
BLOCH (Henry), Grand-Hôtel, Biarritz, rue Taitbout, 66, Paris.. 4
BLOCH (Mme), id., id.. 1
BONNAT (Léon), membre de l'Institut, 48, rue Bassano, Paris.. 1
BORDES (Ernest), art. peint., 87, rue Ampère, Paris 1
BORIE (D.), villa Juliette, route de Biarritz, Bayonne 1
BOULANT (A.) Directeur du Casino, Biarritz... 1
BROUSSAIN (J.) rue Bourg-Neuf, Bayonne...... 1
BURDETT-MASON, art. peint., à Larronduette, route de Cambo, Bayonne.............................. 8

BURDETT-MASON (Mme), à Larronduette, route de Cambo, Bayonne.. 1
BURGUIERE (MLLE Marie), 1, rue de la Visitation, Bayonne.. 1
CAHEN (Ernest), négociant, ancien adjoint au maire de Bordeaux, 15, cours de Tourny, Bordeaux 1
CAHEN (Georges), négociant, 15, cours de Tourny, Bordeaux.. 1
CAMPAGNE (Félix), Hôtel du Casino, Biarritz 1
CAMPAGNE (Paul), Hôtel d'Angleterre, Biarritz 1
CAMPAN (Félix), pharmacien, Bayonne........... 1
CANTON (MME Amélie), v. Haitzura, Biarritz 2
CARO-DELVAILLE art. peint., villa des Platanes, Bayonne et 29, av. Henry Martin, Paris 1
CARVAILLO (Amédée), 28, boulevard Jean d'Amou, Bayonne.. 1
CASTELNAU d'ESSENAULT (comte), capitaine, rue Vainsot, Bayonne.. 1
CAZALIS (F.-J.), architecte, villa Saint- Louis, rue Cambarre, Biarritz.. 1
CHARLESTEGUY (Xavier), rue Lormand, Bayonne 1
CHERFILS, art. peint., 233, faubourg Saint-Honoré, Paris.. 1
CLÉRISSE (Henry), notaire, Bayonne.............. 1
COLIN (Gustave), art. peint., St-Jean-de-Luz 1
COLMONT (DE SAINT-JULLE DE), directeur de la Banque de France, Bayonne.................... 1
COMBES (Arnaud), 6, rue Thiers, Bayonne..... 1
COUAQUE, café Farnié, Bayonne................ 1
COUAQUE (MME), Bayonne........................ 1
COUZAIN, Hôtel des Princes, rue Gambetta, Biarritz 1
CROIZIER (marquis de) Saint-Etienne, Bayonne 1
DAGUENET (Pierre), notaire, Bayonne......... 1
DAYOT, inspecteur des Beaux-Arts, 8, boulevard Flandrin, Paris 1
DELVAILLE (Docteur Camille), 13, rue Victor Hugo, Bayonne.. 1

DELVAILLE (Mme Camille), 13, rue Victor Hugo, Bayonne 1
DELVAILLE (Fernand), banquier, Bayonne..... 1
DERRECAGAIX, général, chalet Lesquerdo, Anglet 1
DÉTROYAT (Arnaud), banquier, Bayonne........ 1
DEVILLE DE BELLECHASSE, villa Sofia, Anglet 1
DHIRIART (Robert), avocat, Biarritz.............. 1
DIHARCE (Léon), 3, rue Argenterie, Bayonne 1
DOURS (Louis), agent d'assurances, Bayonne... 1
DREYSSÉ (Colonel), au Grand-Broca, St-Etienne, Bayonne.. 1
DUCHEN, tailleur, place d'Armes, Bayonne.... 1
DUCOURAU (Emile), villa Mathilde, St-Jean-de-Luz 1
DUFOUR (Albert), adjoint au maire d'Anglet, Anglet 1
DUHALDE (Mlle Clémy), r. Port-Neuf, Bayonne 1
DUHALDE (Mlle Clarisse), chez Mlle Burguière, 1, rue de la Visitation, Bayonne.............. 1
DUPUY, notaire, Bayonne.............................. 1
DUTOURNIER (Doctr Adrien), 23, rue Thiers, Bayonne 1
ETCHEVERRY (Denis), artiste peintre, rue Falguière, 9, Paris.. 1
FERNANDEZ-PATTO (Lucien), artiste sculpteur, propriétaire, Hayet, Bayonne, 81, avenue Malakoff, Paris.. 4
FERNANDEZ-PATTO (Mme Lucien), id., id...... 1
FERNANDEZ-PATTO (Gaston), 3, rue de la Faisanderie, Paris.. 1
FOLTZER, greffier au Tribunal, 6, rue Notre-Dame, Bayonne.. 1
FORSANS (Pierre), maire de Biarritz, conseiller général, villa Djali, rue d'Alger, Biarritz 1
FORSANS (Mme), id., id.,.. 1
FOURNEAU, Hôtel Victoria, Biarritz.............. 1
FOURNEAU (Léon), maison Monhau, Biarritz.. 1

FOY (Edmond), président de la Chambre de Commerce, Lavignotte, Bayonne................ 1
FOY (Mme Edmond), id., id......................... 1
FRINGUET (Paul), juge au Tribunal de Commerce, Bayonne... 1
FROIS (Georges), place Saint-Esprit, Bayonne.. 1
GARAY (Mlle Marie), artiste peintre, rue de l'Evêché, Bayonne.................................... 1
GARCIA DE ISLA (J.), armateur, Bayonne....... 1
GARDILANNE (Alfred de), villa Sans-Souci, Dax 1
GELOS et DUFILS, horticulteurs, Biarritz...... 1
GOMMÈS (Jules), banquier, Bayonne............. 3
GOMMÈS (Armand), banquier, Bayonne........... 1
GOMMÈS (Mme Armand).............................. 1
GOMMÈS (Mlle Marthe).............................. 1
GOMMÈS (Marcel)..................................... 1
GOMMÈS (Alfred), avocat à la Cour, 17, rue Boudet, Bordeaux.................................. 1
GRATTAU (F.), 7, r. Frédéric Bastiat, Bayonne 1
GUESNU (Mlle), place de la Liberté, Biarritz.... 1
GUICHENNÉ (Léon), avocat, Bayonne........... 1
GUILHOU (Ernest), Le Boucau...................... 3
GUILHOU (Mme Ernest) id........................... 1
GUILHOU (Mlle Marthe), id......................... 1
HABASQUE (Fernand), Courbois, Anglet......... 1
HABASQUE (Mme Fernand), id., id................ 1
HAULON, sénateur, Bayonne........................ 1
HAULON (Fernand), juge au Tribunal de Commerce, rue Lormand, Bayonne................. 1
HAULON (Albert), notaire, Bayonne............... 1
HÉRELLE (Georges), professeur de philosophie au Lycée, 23, rue Vieille- Boucherie, Bayonne 1
HUDELIST (Mme), artiste peintre, villa Belmont, Biarritz 1
HAYET (Jean), 18, rue Bourg-Neuf, Bayonne... 1
HEINE (G.), 21, avenue Hoche, Paris.............. 5
HUGUES, caissier à la Banque de France, artiste peintre, Bayonne............................. 1
ITHURBIDE (Ch. D'), négciant, Bayonne.......... 1
JOLYET, (P.), conservateur du Musée, artiste peintre, 6, rue Thiers, Bayonne..................... 1
JOLYET (Mme), id., id.................................. 1

JUNQUET, artiste peintre, villa des Fleurettes, rue des Jardins, Biarritz........................... 1
JUNQUET (Mme), id., id.. 1
KLOTZ (S.), 57, rue Maubec, Bayonne........... 1
LABADIE, encadreur, rue Gambetta, Bayonne 1
LABAT (Félix), route du Phare, Biarritz, calle Alcala, Madrid... 1
LABAT (Mme Félix), id., id............................. 1
LABORDE (Joachim), avocat, Bayonne........... 1
LABORDE (Charles), directeur de la Société Générale, rue Vainsot, Bayonne.................. 1
LABORDÈRE (Pierre), ingénieur des Ponts et Chaussées, Bayonne..................................... 1
LACAPELLE (Louis), Hôtel de Bayonne, Biarritz 1
LACOME (Mme), 95, boulevard Haussmann, Paris 1
LAFITTE, automobiles, Biarritz...................... 1
LAFONT (Ch.), notaire, Bordeaux................... 1
LAGELOUZE (Mme Eugène), Saint-Forcets, Bayonne 1
LAGROLET (Eugène), 3, Allées Boufflers, Bayonne 1
LAGROLET (Alfred), id., id............................ 1
LAGROLET (Charles), id., id.......................... 1
LAMAIGNÈRE (Alfred), directeur du « Courrier de Bayonne », rue Jacques Laffitte, Bayonne 1
LARRALDE (Martin), villa d'Arancette, Saint-Léon, Bayonne.. 1
LARRE (l'abbé Gaston), villa Paul, Biarritz...... 1
LASSERRE (Docteur Georges), Bayonne.......... 1
LASSERRE (Mme Georges), id........................ 1
LASSERRE (Albert), négociant, allées Boufflers, Bayonne 1
LASSERRE (Mme Albert), id., id...................... 1
LASSERRE (Docteur Paul), maison Personnaz, Bayonne 1
LASSERRE (Marcel), inspecteur régional de la « Mutual Life », 16, rue de Frias, Biarritz 1
LASSERRE (Louis), imprimeur, Bayonne......... 1
LATXAGUE (Isidore), avocat, Bayonne........... 1
LAUDUMIEY, pharmacien, Bayonne.............. 1

LAUGIER (P.), 1, rue Mazagran, Biarritz......... 1
LAVERGNE (Docteur Fernand), 1, rue des Chantiers, Biarritz......... 1
LAZARD (Mme Simon), 48, rue des Belles-Feuilles, Paris......... 2
LE BARILLIER (Albert), maire d'Anglet, Anglet......... 1
LE BARILLIER (Mme Albert) id......... 1
LE BEUF (Lucien), industriel, Bayonne......... 1
LE BEUF (J.), docteur, rue Vainsot, Bayonne 1
LÉGASSE (St-Martin), armateur, Bayonne......... 1
LÉGASSE (Arnaud), rue Jacques Laffitte, Bayonne......... 1
LÉGLISE (Henri), St-Martin-de-Seignanx......... 5
LÉGLISE (Félix), député des Landes, Biarritz.. 1
LÉGLISE (Mme Félix), id......... 1
LEGRAND (Jules), député des Basses-Pyréuées, Bayonne......... 1
LÉON (David-Auguste), 27, cours du Jardin Public, Bordeaux......... 1
LÉON (Louis-Adrien), 14, cours du Jardin Public, Bordeaux......... 1
LÉON (Emile), 14, rue Vainsot, Bayonne......... 1
LÉON (Mme Emile), id., id......... 1
LÉON (Henri), 4, avenue de Paris, Biarritz......... 1
LEVI-ALVARES (Mme Albert), 62, rue Albert), Joly, Versailles......... 1
LÉVY (Lucien), ingénieur civil des Mines, 97, rue de Courcelles, Paris......... 1
LÉVY (Emile), grand rabbin de Bayonne, villa des Platanes, Bayonne......... 1
LÉVY (Ernest), 65, cours de l'Intendance, Bordeaux......... 1
LIMONAIRE (F.), négociant, 9, rue Thiers, Bayonne......... 1
LOBIT (Dr), secrétaire de « Biarritz-Association », Biarritz......... 1
MAIGNAN (Albert), artiste peintre, 1, rue Labruyère, Paris......... 1
MARCHAND (J.), propriétaire, Cambo......... 1
MARIN-MOLINAS, art. peintre, La Marnière, Biarritz......... 1

MAUMÉJEAN, artiste verrier, 33, rue d'Espagne, Biarritz 1
MAZE (Mme Emile), Garis, St-Etienne, Bayonne 1
MELIN (Paul), art. sculpteur, 30, avenue Malakof, Paris 1
MÈRE (Clément), art. peintre, 15, rue Froidvaux, Paris 1
MINVILLE, professeur, 12, rue Jacques Laffitte, Bayonne 1
MOLINIÉ (Camille), Allées-Marines, Bayonne... 1
MONTENAT, directeur du Grand-Hôtel, Biarritz 1
MOUNIER (F.), professeur au Lycée, Bayonne 1
MOUREU (F.), pharmacien, Biarritz 1
MOUSSEMPÈS (Gabriel), ingénieur céramiste, Biarritz 1
MOUSSIÈRE (A.), directeur de l'hôtel Biarritz-Salins, Biarritz 1
MOYSE (Maurice), administrateur du chemin de fer B.-A.-B., 95, rue Jouffroy, Paris, Mont-Carmel, Bayonne 1
NICOLLE (Paul), villa Fleury, rue d'Espagne, Biarritz 1
NOVION (Louis), à la Mairie, Bayonne 1
NOUNEZ (Léon-Louis), rue Vainsot, Bayonne... 1
O'SHEA, président de la Société, r. de France, Biarritz 2
O'SHEA (Mme), id., id 1
OURY, artiste sculpteur-graveur, place de la Mairie, Biarritz 1
PALASSIE (Xavier), propriétaire, Cambo 1
PASCAU (Eugène), artiste peintre, 112, boulevard Malesherbes, Paris 1
PASCAULT (Léon), 35, avenue de l'Opéra, Paris 1
PENALVER (Enrique DE), maison Lefèvre, Biarritz 1
PÉRIÉ (Georges), 1, place du Réduit, Bayonne 1
PERNETY (Vicomte DE), Haitzura, Biarritz...... 3
PERRET (Henri), rue Marengo, Bayonne 1
PERSONNAZ (Gabriel), négociant, Bayonne...... 1

PERSONNAZ (Mme G.), id., id. 1
PERSONNAZ (Antonin), 4, rue Ste-Cécile, Paris 1
PETIT (Charles), notaire, St-Jean-de-Luz 1
PEYTA (Barthélemy), Hôtel Continental, Biarritz 1
PLANTIÉ (Alphonse), rue Jacques Laffitte, Bayonne 1
POEYDEBASQUE, 9, rue Thiers, Bayonne 1
PORTO-RICHE (DE), Grand-Hôtel, Biarritz, 5, rue Scribe, Paris 2
POURQUIÉ (P.), chirurgien dentiste, 9, rue Thiers, Bayonne 1
POUZAC (Léo), maire, Bayonne 1
POYLO (Jean), 3, rue St-Didier, Paris 1
POYLO (Joseph), 3, rue Fourniel, Paris 1
RIBEAUX (Ed. DE), président de la Société, procureur de la République, Bayonne 2
ROBERT (V.), 18, rue du Château, Biarritz 1
ROBY, art. peintre, 32, rue de l'Arbalète, Paris 1
RODRIGUES-ELY (Aug.), 1, place de la Liberté, Bayonne 1
RODRIGUES-ELY (Mme), id., id. 1
RODRIGUES-ELY (Mlle Emilie), id. id. 1
RODRIGUES-ELY (Camille), 2, boulevard Henri IV, Paris 1
ROSENFELD (Charles), boulevard Jean-d'Amou, Bayonne 1
ROSTAND (Ed.), membre de l'Académie Française, Cambo 1
ROTH (Gaston), rue Jacques Laffitte, Bayonne 1
ROUQUETTE (Alfred), 44, rue des Basques, Bayonne 1
RUSSELL (Comte Ferdinand DE), villa Christine, Biarritz 1
SAINT-GERMIER (Joseph), artiste peintre, 11, square de Messine, Paris 1
ST-PÉ (Louis), maison Sault-Camp, St-Léon, Bayonne 1
SALIÈRES (Joseph), rue Vainsot, Bayonne 1
SALIÈRES (Mme), id., id. 1
SALZEDO (Albin), banquier, Bayonne 1

SALZEDO (Raphaël), villa Martel, St-Esprit, Bayonne ... 1
SAUBÈS, art. peintre, 12, rue Cauchois, Paris 1
SERVAL, 23, rue Thiers, Bayonne... 1
SOULANGE-BODIN (André), art. peintre, avenue de la République, Biarritz... 1
SAUTET, professeur de réthorique au Lycée, Bayonne ... 1
SOULEZ-LACAZE (Albert), rue Thiers, Bayonne 1
SOURBÉ (Marcel), agent d'assurances, rue Gambetta, Bayonne... 1
TAJAN (Alfred), rue d'Espagne, Bayonne... 1
TRUBERT (M), secrétaire d'ambassade, Lapègue, St-Barthélémy (Landes)... 1
TURGY (baron DE), 18, rue du Château, Biarritz 1
VIGUERIE (Pierre), sous-préfet, Bayonne... 1
VILLENEUVE, président du Tribunal, 2, rue Jacques Laffitte, Bayonne... 1
WEILLER (Emile), avoué, 28, rue Lormand, Bayonne ... 1
WEILLER (André), capitaine au 49e de ligne, Bayonne ... 1
ZO (H.-A.), art. peintre, 9, rue Falguière, Paris 1

MEMBRES SOUSCRIPTEURS

ADER (Henri), ingénieur des Ponts et Chaussées, Narbonne... 1
ALAUX (G.), art. peintre, 31, boulevard Berthier, Paris... 1
ALBERTI (Henri), art. peintre, 4, rue de Lota, Paris ... 1
ANGLADE (Gaston), artiste peintre, 18, rue Drouot, Paris... 1
ARALUCE (Vicente), artiste peintre, Bilbao (Espagne) ... 1
ALBY (Jules), art. peintre, Damarie-les- Lys (Seine-et-Marne) ... 1
ASCOLI, sculpteur, 82, boulevard des Batignolles, Paris... 1

AUDEBERT (Jean), artiste peintre, 35, rue Poissonnerie, Bayonne.. 1
BARILLOT (Léon), art. peintre, 29 bis, rue Demour, Paris.. 1
BARTHE (Xavier), sculpteur, 183, rue Lecourbe, Paris 1
BÉCAGLI (Mme Marg.), artiste peintre, 5, avenue Blanche, à Courbevoie (Seine).............. 1
BENOIT-LÉVY, banquier, 67, avenue des Champs-Elysées, Paris.............................. 1
BENQUET, libraire, Biarritz.............................. 1
BISSON (Mme Juliette), art. sculp., 29, rue Condorcet, Paris.. 1
BORDENEUVE (Louis), art. peintre, 24, rue d'Osuna, Biarritz.. 1
BOUTET DE MOUVEL, artiste peintre, 20, rue du Canada, Paris.. 1
BOUTET (Henri), artiste peintre, 68, rue d'Assas, Paris.. 1
BROWN (Louis), artiste peintre, 26, rue Bréda, Paris 1
BRISSAUD (Jacques), art. peintre, 5, rue Bonaparte, Paris.. 1
BURGGRAFT (Gaston DE), 13, avenue Frochot, Paris 1
CALVÉ (Julien), artiste peintre, 1, rue d'Aviau, Bordeaux 1
CARTHENNE (Mlle Lucienne), art. peintre, Basses-Loges, à Avon (Seine-et-Marne).............. 1
CASTETS, à Mées (Landes).............................. 1
CAYRON (Jules), art. peintre, 31, boulevard Berthier, Paris.. 1
CÉLÉRIER (Edouard), artiste peintre, avenue Kléber, Paris.. 1
CHABANIAN (Ars.), art. peintre, 30, avenue Malakoff, Paris.. 1
CHÉRON, art. peintre, 1 bis, rue Eugène Flachat, Paris.. 1
CHRÉTIEN (R.), art. peintre, 11, avenue des Tilleuls, Paris.. 1
CRESWELL (Albert), art. peintre, 3, rue Pierre, Chausson, Paris.. 1

DAGNAC-RIVIÈRE (C.), art. peintre, 23, boulevard Pasteur, Paris 1

DAMBEZA (S.), art. peintre, 11, rue St-Simon, Paris 1

DAMPIER-MAY, artiste peintre, chalet Marie-Madeleine, avenue de la Négresse, Biarritz.... 1

DANGOUMAU (Ed.), art. peintre, Biarritz........ 1

DARRICAU (Etienne), maire, Rivière........ 1

DARRIGRAND (Jean), avoué, Bayonne........ 1

DEFOSSE (Me), avenue Malakoff, 81, Paris...... 1

DELAMARRE DE MONCHAUX (M.), art. peintre, 52, faubourg St-Honoré, Paris........ 1

DELBROUCK (L.), art. peintre, 14, rue Fromentin, Paris........ 1

DELIGNY (Paul-Ed.), artiste peintre, 119, rue Saussure, Paris........ 1

DELUC (Gabriel), artiste peintre, 2, passage Dantzig, Paris........ 1

DENISSE (Jean), art. peintre, 18, boulevard E. Quinet, Paris........ 1

DENNERY (Gustave), art. peintre, 175, boulevard Pereire, Paris........ 1

DIFFRE (Jean), art. peintre, 39, rue de Fleurance, Toulouse........ 1

DIFFRE (Mme Janie), id., id........ 1

DUCAZAU, ingénieur de la ville, Bayonne........ 1

DUFRANE (Gabriel-Jean-Marie), artiste peintre, 33, rue Bayen, Paris........ 1

DUMOULIN (François), artiste peintre, Biarritz 1

DURAY (Emile-Arthur), artiste peintre, 9, rue Bleue, Paris........ 1

DUVERDIER (Alf.), villa Biarnès, route de Cambo, Bayonne........ 1

ERNEST (Gaston), architecte, 72, rue de l'Assomption, Paris........ 1

FAGALDE (Jules), propriétaire, Cambo........ 1

FAURE (Auguste), artiste peintre, Allées-Marines, Bayonne........ 1

FAVIER (Eugène), artiste peintre, 20, rue de l'Odéon, Paris........ 1

FÉLICE (Mme DE), artiste peintre, 6, rue Barennes, Bordeaux 1
FÉLIX (Léon), artiste peintre, 88, boulevard Pereire, Paris 1
FERNANDEZ-PATTO (Mlle Germaine), 49, rue de laTour, Paris 1
FOURNIER (Paul), sculpteur, 4, rue Théodule Ribot, Paris 1
FRAYSSE, scuplteur, Biarritz 1
FROMENT, négociant, Mousscrolles, Bayonne, 1
FROMENT-MEURICE (Jacques), 38, rue Boileau, Paris 1
GABARD (Ernest), sculpteur, route de Bordeaux, Pau 1
GAGLIARDINI (G.) artiste peintre, 12, boulevard de Clichy, Paris 1
GARAY (Louise), artiste peintre, rue de l'Evêché, 6, Bayonne 1
GELIBERT (Gaston), artiste peintre, Châtillon-sous-Bagneux, Pavillon de Gerfaut 1
GOHIER (F.), artiste peintre, 2, boulevard Pereire, Paris 1
GOMEZ (Arfiri), artiste peintre, Biarritz 1
GOMEZ (Benjamin), architecte, 49, rue Sainte-Catherine, Bordeaux 1
GOMEZ (Louis), architecte, 19, boulevard Gambetta, Cahors 1
GRANDRY (Mme DE), château Gaillat, Bayonne.. 1
GRIMARD (A.), Douane de Bayonne 1
GUIGNARD (G.), artiste peintre, 25, boulevard Berthier, Paris 1
GUINDON (Marius), artiste peintre, 24, quai de la Rive-Neuve, Marseille 1
HARRIAGUE (Mme veuve), Boulve, près Hasparren 1
IRIBARNEGARAY (B.), Bayonne 1
ISAILOFF, art. peintre, 25, quai de la Fraternité, Marseille 1
JACQUES-MARIE, artiste peintre, 18, rue Drouot, Paris 1
JACQUELIN (Mlle Marguerite), artiste peintre, 2, rue Bardineau, Bordeaux 1

JAMET (Henri), artiste peintre, 60, boulevard de Clichy, Paris.. 1
JOUNCA (Madeleine), artiste peintre, villa Ugarte, Anglet.. 1
LABASTIE (Henry), négociant, Bayonne........... 1
LABAT (Eugène), artiste peintre, calle Alcala, Madrid 1
LABAT (Félix) fils, artiste peintre, calle Alcala, Madrid 1
LABAT (Jules), château de Grammont, Biarritz 1
LACOSTE (Pierre), propriétaire à Cambo......... 1
LAFOURCADE, docteur, rue Jacques-Laffitte, Bayonne 1
LAFFONTAN (Mme Georges), Bayonne.............. 1
LAHAYE (François), artiste peintre, Le Veiseau-Combs-la-Ville (Seine-et-Marne)................. 1
LANSALOT (Firmin), Biarritz........................ 1
LARRALDE-DIUSTEGUY (H. DE), château d'Urtubie, Urrugne.. 1
LARREBAT-TUDOR, architecte, Biarritz......... 1
LAURENS (Jean-Pierre), artiste peintre, 9, rue Falguière, Paris.. 1
LAROQUE (Henri), artiste peintre, 10, rue de la Bourse, Bordeaux.. 1
LASSERRE (Mlle Marie), artiste peintre, Allées Boufflers, Bayonne.. 1
LASSERRE (Paul), docteur, Bayonne............. 1
LAURENS (Albert), artiste peintre, 17, avenue de Tourville, Paris.. 1
LELIÈVRE (Eugène), art. stat., 12, rue de Belleyme , Paris.. 1
LECREUX (G.), 19, rue de Vintimille, Paris...... 1
LIGNIER, artiste peintre, 11, square de Messine, Paris 1
LESSIEUX (E.), aquarelliste, Menton (Alpes-Maritimes 1
LIZAL (Alex.), artiste peintre, 32, rue Gabrielle, Paris 1
LUREAU (Mme), villa Juliette, Cambo............. 1
MAGNE (M.), artiste peintre, 147, avenue de Villier, Paris.. 1

MAILLAUD (Fernand), artiste peintre, 3, rue de l'Estrapade, Paris........ 1
MASSON (Georges), artiste peintre, 2, rue de Lisbonne, Paris........ 1
MATISSE (Auguste), artiste peintre, 2, rue Méchain, Paris........ 1
MAUMÉJAN (José), artiste, 46, Pasco de la Castillane, Madrid........ 1
MAYET (L.), artiste peintre, Chatillon-Coligny (Loiret........ 1
MOCH (Mlle Andrée), art. peintre et sculpteur, 9, rue Campagne Première, Paris........ 1
MOISSET (M.), artiste peintre, 3, rue Viette, Paris........ 1
MIHURA (Berthe), Bayonne........ 1
MOLINE (G.), négociant, 89, rue Turbigo, Paris........ 1
MOLLANS (comte Henri DE), Dax........ 1
MONTHOLON (François DE), artiste peintre, 20, rue des Martyrs, Paris........ 1
MOYSE (Robert), 30 avenue de Villiers, Paris... 1
NEYMARK, artiste peintre, 32, rue Notre-Dame-des-Victoires, Paris........
PATHORNAY (Ange-Marie-Maurice DE), artiste peintre, 7, avenue des Passants, Le Vésinet... 1
PATOU (J.), Hôtel de Paris, Biarritz........ 1
PICABIA (F.), 15, rue Hégésippe Moreau, Paris 1
PICHONNEAU (Elisabeth), artiste peintre, rue Tour-de-Sault, Bayonne........ 1
POMIER, percepteur, Bayonne........ 1
PRELL (W.), artiste peintre, 2, rue Cretet, Paris........ 1
PRÉVOST (Achille), 8, rue Rougemont, Paris... 1
PRÉVOT (J.-A.), architecte, 1, rue Beaubadal, Bordeaux........ 1
PUECH (G.), attaché au ministère des finances, 26, avenue Carnot, Paris........ 1
RAPILLY (L.), artiste peintre, 44, rue Gay-Lussac, Paris........ 1
RAVANNE (G.), artiste peintre, 12, boulevard Pereire, Paris........ 1

RAYMOND DE BROUTELLES (Maurice), statuaire, 75, boulevard Saint-Michel, Paris...... 1
RIBERA (P.), artiste peintre, 77, rue d'Amsterdam, Paris.. 1
RIQUEBRUNE (Raphaël), Biarritz.................. 1
RODRIGUES-ELY (Albin), artiste peintre, maison Fagalde, Cambo................................ 1
ROLAND-GOSSELIN, peintre, Cambo........... 1
ROYER (Henry), artiste peintre, 9, rue Bochard de Saron, Paris... 1
SANCHEZ, Barcelonne.................................. 1
SEITZ, imprimeur, Biarritz........................ 1
SENS (Louis), place St-André, Bayonne........... 1
SON (Joannes), artiste peintre, 30, rue Fontaine, Paris... 1
SIEBURGH (Mlle Eulalie), artiste peintre, 12, boulevard Kate, La Haye (Hollande)........... 1
SOULANGE-BODIN (Mme Andrée), Biarritz...... 1
STERNBERG-DAVIDS, artiste peintre, 33, rue Bayeu, Paris.. 1
SUREDA (André), artiste peintre, 95, r. de Vaugirard, Paris.. 1
SYNAVE (T.), artiste peintre, 34, rue du Mont-Cenis, Paris.. 1
TÊTARD (Henry), architecte, Biarritz.............. 1
THURNER (Gabriel), artiste peintre, 14, rue des Volontaires, Paris.................................. 1
THÉVENIN (Henri-Félix), artiste peintre, La Poissonnière de Montfort l'Amaury (S.-et-O.) 1
THOMAS (Henri-Auguste), artiste peintre, 2, rue d'Arcueil, Paris.. 1
TILLIER (Paul), artiste peintre, président de la Société française des Amis des Arts, 64, boulevard de Courcelles, Paris......................... 1
YMART (Mme Marguerite), artiste peintre, 1, Allée du Busca, Toulouse............................ 1
YSELL (Laurent), artiste peintre, 50, rue Saint-Georges, Paris.. 1

CATALOGUE

ABRÉVIATIONS

M. H. Mention Honorable.
A. F. Membre de la Société des Artistes Français.
N. B. A. Membre de la Société Nationale des Beaux-Arts.
H. C. Hors concours.
Ste Membre de la Société des Amis des Arts de Bayonne-Biarritz.
G. C. ✻ Grand Croix de l'Ordre de la Légion d'Honneur.
G. O. ✻ Grand Officier — — —
C ✻ Commandeur — — —
O. ✻ Officier — — —
✻ Chevalier — — —
Ọ I. P. Officier de l'Instruction Publique.
Ọ Officier d'Académie.

AVIS. — Pour tous renseignements concernant la vente des ouvrages exposés, prière de s'adresser au gardien de l'Exposition.

PEINTURE

AGUERREGARAY (Charles),
né à Bayonne, élève de M. Jolyet — avenue de la Négresse, Biarritz.

1 Une vague (huile).
2 Sous les pins le soir, id.
3 Les bords de la Bidassoa.
4 Le Biarritz en pleine mer (aquarelle).
5 Les bords de la Bidassoa, id.

ALAUX (Guillaume),
né à Bordeaux (M. H.) (A. F.), S[re] (N. B. A.), membre du Jury, élève de Bonnat — 31, boulevard Berthier, Paris.

6 Marchande de Légumes (huile).

ALBERTI (Henri),
né à Paris (M. H.) (A. F.), S[re], élève de MM. J. Lefebvre et L.-O. Merson — 4, rue de Lota, Paris.

7 Portrait de Mme S. A.
8 L'Entôleuse.
9 Tête de femme.
10 Femme (1830) avec fleurs.
11 Le compositeur Gaston Lemaire.
12 Femme avec Manchon.
13 Tête de femme.
14 La maman et sa demoiselle.

ANGLADE (Gaston),
né à Bordeaux (A. F.), élève de MM. Pelouse et A. Baudit — 18, rue Drouot, Paris.

15 Matinée d'août à Châteaubrun (Indre), Bruyères en fleurs (huile).
16 Bords de la Sédelle à Crozant (Effet de brouillard).
17 Le vallon fleuri dans la Creuse.
18 Vallées de la Creuse (Bruyères en fleurs).

ARALUCE (Vicente),
né à Bilbao (Espagne) — Santa Maria, nº 1, Bilbao.

19 Portrait de XXX (huile).
20 Paysage, id.
21 Paysage, id.

AUDEBERT (Jean-Bertin),
né à Virelade (Gironde), élève des Beaux-Arts de Bordeaux — 35, rue Poissonnerie, Bayonne.

22 Fin de tempête (huile).
23 Soir orageux, id.

BARILLOT (Léon),
né à Montigny-lès-Metz (Lorraine), **H. C.** (A. F.), méd. de 2e cl., élève de M. Bonnat — 29 bis, rue Demours, Paris.

24 Bœufs normands à l'ombre.
25 La baie de St-Vaast-la-Hougue (Manche).

BECAGLI (Marguerite),
née à la Côte-Saint-André (Isère) (E. F.) (A. F.), élève de Carolus Durand et E. Sain — 5, avenue Blanché, Courbevoie (Seine).

26 Une circulaire (cardinal lisant), (huile).
27 La dame de cœur (cardinal), id.
28 Etudes (têtes de cardinaux), id.
29 Vincersza (buste de jeune fille), id.
30 Sérénité (pastel).

BERGÈS (Georges),
né à Bayonne, **H. C.**, élève de MM. Bonnat, Al. Maignan et Achille Zo — 9, rue Ganneron, Paris.

31 Portrait de Mme H.

BONNAT (Léon), ✻ G. C.
né à Bayonne, membre de l'Institut, **H. C.**, président d'honneur, élève de Léon Cogniet — 48, rue Bassano, Paris.

32 La poupée.

BORDENEUVE,

33 Au bord du lac (huile).

BORDES (Ernest), ✻
né à Pau, **H. C.** (A. F.), S[re], méd. 2e cl., élève de MM. Cormon et Bonnat — 87, rue Ampère, Paris.

34 Portrait de Mlle Marie R. (huile).
35 Portrait de Mlle Jacqueline B. id.

BORIE (Rose),
née à Bayonne, élève de Jolyet — Bayonne, villa Juliette.

36 Portrait de bébé (fusain).

BOUTET (Henri),
né à Sainte-Hermine (Vendée) — 68, rue d'Assas, Paris.

37 Paysage parisien.
38 Dans la rue.
39 Au café.
40 Brouillard (pastel).
41 Intérieur d'atelier (dessin).
42 Croquis, id.
43 Croquis, id.
44 Croquis, id.

BOUTET de MOUVEL (Bernard),
né à Paris (S. N^{le}), élève de Dampt — 20, rue de Condé, Paris.

45 Etude.
46 Les crinolines (aquarelle).
47 Le départ pour la chasse, id.
48 Sportsman, id.
49 La toilette, id.
50 Le parc (gravure en couleurs).
51 La terrasse. id.
52 Le Lad, id.
53 La péniche. id.

BRISSAUD (Jacques),
né à Paris (A. F.), S^{re}, élève de L.-O. Merson, 5, rue Bonaparte, Paris.

54 Paysage (huile).
55 Avant le départ, id.
56 Au pesage de Longchamps (aquarelle).
57 Course de Taureaux (huile).
58 Polo (aquarelle).
59 Polo (eau forte).
60 Le cavalier, id.
61 Le picador (aquarelle).
62 Marché aux chevaux, id.
63 Maison béarnaise (huile).

BROWN (Jean-Louis),
né à Paris (S. N^{le}) — 26, rue Bréda, Paris.

64 Attelage de mules (Landes), (huile).
65 Jeune paysanne à cheval, id.
66 Ciboure (Basses-Pyrénées), id.
67 Etude (St-Jean-de-Luz), id.

BURDETT-MASON,
né à New-Hawen, élève de Carvenalli, à Rome, Landouette, près Bayonne.

68 Etude de jeune fille (huile).

BURGGRAFFT (Gaston-Frédéric de),
né à Dublin (Irlande) (M. H.), méd. 3e cl. (A. F.), élève de Cormon — 13, avenue Frochot, Paris.

69 Le Tournant (huile).
70 L'avenue Frochot (effet du soir), id.
71 L'avenue Frochot (effet de neige), id.

CALVÉ (Julien),
né à Lormont (Gironde), méd. de 3e cl., élève de A. Baudit — 1, rue d'Aviau, Bordeaux.

72 Bords du bassin d'Arcachon (huile).
73 Retour au rendez-vous de chasse, id.
74 Au Moulleau (près d'Arcachon), id.
75 Le soir dans les pins (forêt du Moulleau), id.

CARO-DELVAILLE (Henry),
né à Bayonne, méd. 3e cl. (A. F.) (N. B. A.), élève de MM. Albert Maignan, Bonnat et Jolyet — 29, avenue Henri Martin, Paris.

76 La manucure.
77 Jeune femme à la cheminée.

CARTHENNE (Lucienne),
née à Paris (A. F.), élève de Charles Busson — aux Basses-Loges, Avon (Seine-et-Marne).

78 Ruisseau sous bois (huile).

CAYRON (Jules),
né à Paris, méd. 3e cl. (A. F.), Sre, élève de MM. Alf. Stevens et Lefebvre — 31, boulevard Berthier, Paris.

79 Portrait de Mme Z. (huile).
80 Sur la berge, id.
81 Portrait de Mme C. (pastel).

CÉLÉRIER (Edouard),
né à Paris (A. F.), élève de J. Lefebvre — 54, quai de Billy, Paris.

82 Environs de Carolles (huile).
83 En Limousin, id.

84 Avant le bal (Pastel).
85 Juana, id.

CHABANIAN (Arsène),
né à Erzeronne (Turquie) (M. H) (A. F.), S[re], élève de Benjamin Constant et J.-P. Laurens — 30, avenue Malakoff, Paris.

86 Clair de lune à Venise.
87 Coins de Biarritz : 1, 2, 3, 4 (pastels).
88 Le Pas de Roland, id.
89 Vue générale de Biarritz, id.

CHÉRON (Olivier),
né à Soulagny (Calvados) (A. F.), S[re], élève de MM. Guillemet et Debrosses — 1 bis, rue Eugène Flachat, Paris.

90 Le mont Blanc, vue de Sallanches.
91 Douarnenez.
92 Moulin de Lasbroux (Haute-Vienne).
93 Barneville (Manche).

CHRÉTIEN (René-Louis),
né à Choisy-le-Roi, méd. de 2e cl. H. C. (A. F.), élève de Bonnat — 11, avenue des Tilleuls, Paris.

94 Crevettes et étain (huile).
95 Aulx et chaudron (aquarelle).

CRESSWELL (Albert),
né à Paris, méd. de 3e cl. (A. F.), élève de MM. Boulanger, J. Lefebvre et L.-O. Merson, 3, rue Pierre Chausson, Paris.

96 Au Port (huile).
97 Paysage, id.
98 Paysage id.
99 Paysage, id.

DABADIE (Henri),
né à Pau, H. C. (A. F.), élève de MM. E. Delaunay et Henri Lévy — 68, rue d'Assas, Paris.

100 Le Moulin de Pontrieux (Côtes-du-Nord), (huile).
101 Bateaux au soleil Pontrieux (Côtes-du-Nord), id.

DAGNAC-RIVIÈRE (Charles-Henri-Gaston),
né à Paris (S. N. B.), Sre — 23, boulevard Pasteur, Paris.

102 Chemin de halage.
103 La Nouba.
104 A Tétuan (Maroc).
105 La porte des Bouchers (Tanger).
106 Porte de Tanger (pastel)
107 La toile rouge, id.
108 Barque de pêche, id.
109 Porte de Tétuan (Maroc), id.
110 Les chaumes (épreuve unique (monotype en couleurs).
111 Chaumes (épreuve unique) (monotype en noir).
112 A Tétuan (Maroc) (épreuve unique), id.
113 Bord du canal (épreuve unique), id.

DAMBEZA (Léon),
né à Paris (M. H.), méd. 2e cl., H. C. (A. F.), Sre, élève de MM. J. Lefebvre, Harpignies, Henri Lévy — 11, rue St-Simon, Paris.

114 Bords de la Loire (huile).
115 Châtaigniers au soir, id.
116 La rivière au printemps, id.

DANGOUMAU (Edmond),
né à Orthez, élève d'Achille Zo, Biarritz.

117 Ferme basque, environs de Biarritz, id.
118 Roses, id.
119 Etude phare temps gris, id.
120 Etude, id.

DELAMARRE DE MONCHAUX (Marcel),
né à Paris (A. F.), Sre, élève de J. Triquet — 52, faubourg St-Honoré, Paris.

121 Un canal à Dordrecht (huile).
122 Vieilles maisons à Bruges, id.

DELIGNY (Paul-Edouard),
né à Lisbonne (A. F.), élève de M. Triquet — 119, rue Saussure, Paris.

123 Brûle-parfums et soie (huile).
124 Fruits et étain, id.
125 Cerises et cuivre, id.
126 Asperges et tomates, id.

DELUC (Gabriel),
né à Saint-Jean-de-Luz, élève de Jolyet et Bonnat — 2, passage Dantzic, Paris.

127 Lola (huile).
128 Porche d'église (pays basque), id.
129 Paysage basque, id.
130 Portrait de F. A. (dessin).
131 Portrait de M., Etude, id.

DENISSE (Jean),
né à Bordeaux — 18, boulevard E. Quinet, Paris.

132 Fleurs.
133 Dans le parc.
134 Coins du parc.
135 Au bord du bassin.
136 Jardin du Luxembourg (pastel).

DENNERY Gustave),
né à Paris (M. H.) (A. F.), S^re, élève de Cormon — 175, boulevard Pereire, Paris.

137 Le jour de la bouillie (huile).
138 Une mère, id.
139 La cour de grand père (pastel)
140 La Seine à André, id.
141 La plage des Ers, id.

DEVAMBEZ (André),
né à Paris, H. C. (A. F.), élève de MM. Guay, J. Lefebvre, Benj. Constant — 11, rue du Mont-Doré, Paris.

142 Sur l'herbe.
143 Le défilé du 14 juillet (aquarelle).

DIFFRE (Jean),
élève de M. Raphaël Colin — 39, rue de Fleurance, Toulouse.

144 Sous l'arceau (passage), (huile).
145 Maison de Victor Hugo, id.
146 Vieilles maisons à San Pedro, id.
147 Rue de San Pedro id.

DIFFRE (Janie),
né à Toulouse, élève de R. Collin — Toulouse, 39, rue de Fleurance, Toulouse.

148 Quai de Passages (huile).
149 Quai de San Pedro Passages, id.

DUFAU (Clémentine-Hélène),
née à Quinsac (Gironde), élève de MM. Bouguereau et Robert-Fleury — 12 bis, rue Pergolèse, Paris.

150 Etude pour le tableau (partie de pelote à Urrugne), (huile).

DUMOULIN (François),
né à Agen, élève de J.-P. Laurens, Biarritz.

151 Soleil couchant (huile).
152 Vieil arbre, pays basque (aquarelle).
153 Maison de pêcheurs à Passages, id.
154 Coin de ferme basque, id.
155 Paysage, id.
156 Lavoir de Biarritz (huile).
157 Etude au pays basque, id.

DURAY (Emile-Arthur-François),
né à Bruxelles (A. F.), élève de Cabanel — 9, rue Bleue, Paris.

158 Effet du matin sur le Loing à Montigny (huile).
159 Le petit pont de Montigny, id.

ETCHEVERRY (Hubert-Denis),
né à Bayonne, méd. 2e cl., H. C. (A. F.), Sre, élève de MM. Achille Zo, Bonnat et Alb. Maignan — 9, rue Falguière, Paris.

160 Portrait de Mme A. Léglise.
161 Portrait de M. J. H. Lesca.
162 Portrait de M. le comte H. de Mollans.
163 Eglise d'Urcuray (pays basque).
164 La plage au Tréport.
165 St-Martin d'Arrosa (pays basque).

FAVIER (Eugène),
né à Paris (M. H.) (A. F.),Sre, élève de Gérôme — 20, rue de l'Odéon, Paris.

166 Le coffret (huile).
167 Broderie (pastel).
168 Mandoline, id.

FÉLICE (Mlle Marguerite de),
née à Sainte-Foy (Gironde) (N. B. A.), élève de Mlles Molliet, Lévy, Bhurner.

169 Renouveau (pastel).
170 La Fileuse Ossaloise, id.
171 Petites Marchandes d'Edelweiss, id.

FÉLIX (Léon),
né à Périgueux (N. B. A.), méd. 3e cl. (A. F.), Sre, élève de Bonnat — 88, boulevard Pereire, Paris.

172 Beynac (Dordogne) après-midi d'été (huile).
173 Après-midi d'automne en Périgord, id.
174 Eveil printanier en Périgord, id.
175 La Seine, chevet de Notre-Dame, fin d'hiver, id.

FERNANDEZ-PATTO (Germaine),
née à Bayonne, élève de Mlle Bernard — 49, rue de la Tour, Paris.

176 Buisson d'Hortensias (aquarelle).
177 Roses blanches (étude), id.

178 Femme Italienne (étude), dessein à la plume).

FONTAN (Edmond),
né à Bordeaux — 21, rue d'Arcachon.

179 Porte de ville à Cordes (Tarn), (aquarelle).
180 Village des Aldudes (pays basque), id.
181 Hameau d'Aldagay près d'Ascain (crayon).

GABARD (Ernest),
né à Pau — route de Bordeaux, Pau.

182 Caballos (Album caricatures, 2 cadres).

GABRIEL (J.-J.),
né à Brignoles (Var), élève de MM. Gueisse et Ziem — 7, rue Marsollier, Paris.

183 Bords de la Nive.
184 Vue de Bayonne sur la Nive et le Pont du Génie.

GAGLIARDINI (Julien-Gustave), ✻
né à Mulhouse, méd. 2e cl., H. C. (A. F.), Sre — 12, boulevard de Clichy, Paris.

185 Sous le gros Platane (Provence) (huile).
186 Une rue à Martigues, id.
187 Placette en Provence, id.

GARAY (Mlle Marie),
(A. F.), rue de l'Evêché, 6, Bayonne.

188 Pénitents noirs de Ronceveaux (huile).
189 Femme à l'Eglise (pays basque), id.
190 Intérieur d'Eglise (Ciboure), id.
191 Sortie d'Eglise (Cambo), id.

GARAY (Louise),
née à Bayonne (A. F), élève de Mlle Marie Garay, rue de l'Evêché, n° 6, Bayonne.

192 Entrée d'une Maison basque (aquarelle).

GELIBERT (Jules-Bertrand),
né à Bagnères-deBigorre, H. C., méd. 2e cl. (A. F.) — à Labarthe-de-Neste (Hautes-Pyrénées)

193 En défaut (tableau).
194 En promenade (aquarelle).
195 Ferme de sanglier avec des mâtins (effet de neige), id.

GOMEZ-ARFIRI,
né à Zaragoza (Espagne), élève de M. Jolyet, Biarritz, chalet Ita.

196 Intérieur d'atelier (huile).

GRIMARD (André),
né à Bayonne, Sre — 61, rue Bourg-Neuf, Bayonne.

197 Quai des Basques (aquarelle).
198 Sous bois à Arcangues, id.
199 Au Pays basque, id.
200 A Pasage (Espagne) id.

GUIGNARD (Gaston),
né à Bordeaux, méd. 2e cl., H. C. (A. F.), Sre. (N. B. A.) — 25, boulevard Berthier, Paris.

201 Intérieur de bergerie (huile).
202 La Herse, id.
203 Troupeau sur la route (pastel).
204 Plage de Penmarch, id.

HUGUES (Georges),
né à Montauban, élève de Cabié — Bayonne, 18, rue Vainsot.

205 Effet de matin, Rade de Bordeaux (huile).
206 Effet de nuit, Rade de Bordeaux, id.
207 Marine, id.

ISAILOFF (Alex.),
né à Marseille (A. F.), élève de J.-B. Olive — 70, rue Rodier, Paris.

208 Les Catalans (étude) (Marseille) (huile).
209 La Cathédrale de Marseille (effet du matin), id.
210 Etude de Marseille (effet du matin), id.
211 Etude de Marseille (La Corniche), id.

JACQUES-MARIE,
né à Paris (M. H.), 2e méd. — 18, rue Drouot, Paris.

212 Rue de l'Eglise à Nemours.
213 Quai de Fromonville (Nemours).

JAMET (Henri),
né à Gien (M. H.) (A. F.), élève de Gérôme et Harpignies — 60, boulevard de Clichy, Paris.

214 Jardin de la Veuve (huile).
215 La chevrière, id.
216 Village au couchant, id.
217 Intérieur de cuisine, id.
218 La petite chevrière (dessin rehaussé de pastel).
219 Fillette de Gargilesse, id.
220 L'étang en Touraine, id.

JOLYET (Philippe),
né à Pierre (Saône-et-Loire) (M. H.) (A. F.), Sre, élève de Léon Cogniet — 6, rue Thiers, Bayonne.

221 Avant le dîner (esquisse) (huile).
222 La soupe au poisson (salon de 1888) (huile).
223 La boîte aux lettres (salon de 1904) (huile).
224 Une leçon peu intéressante.
225 La leçon du Journal, id.

JOUNCA (Mlle Madeleine),
née à Bayonne, Sre, élève de M. Jolyet — Villa Ugarte, Anglet.

226 Première leçon de musique (huile).

227 Portrait de Mme Ugarte (fusain).
228 Trois têtes d'enfants (crayon).

JUNQUET (Léon-Charles d'Enbyssac)
né à Nay (Basses-Pyrénées), élève de Bouguereau — 74, boulevard Pereire, Paris.

229 Un patriote (huile).
230 Après la randonnée (siège de Bayonne, 1813, vie du général Foy) (huile).
231 L'attaque, id.
232 Un philosophe, id.

LABAT (Eugène),
né à Bayonne, Sre, élève de Manuel Ramirez — Biarritz.

233 Panneau décoratif (Biarritz) (huile).
234 Paysages des Asturies, id.

LABAT (Félix),
né à Bayonne, élève de Manuel Ramirez — Biarritz.

235 Rocher de la Vierge panneau décoratif). (huile).
235 bis Etude fruits, id.

LAHAYE (François-Etienne),
né à Combs-la-Ville, des M., élève de Léon Détroy, Le Verseau — Combs-la-Ville (Seine-et-Marne).

236 Le soir dans le désert (huile).
237 Le grand Trianon, id.
238 Le parc de Trianon à l'automne, id.
239 Notre-Dame sous la neige, id.
240 Maisons bleues de Constantine (aquarelle).
241 Une porte à Tunis, id.

LAPARRA (William),
né à Bordeaux, Prix de Rome 1898, méd. 2e cl. (A. F.), H. C., Sre, élève de J. Lefebvre, Bouguereau et Tony-Robert Fleury — 98, rue Fondaudège, Bordeaux.

242 Retour de la neuvaine de Santa Barbara (huile).
243 Du temps que Berthe filait, id.

LAURENS (Paul-Albert),
né à Paris, méd. 1re cl., H. C. (A. F.) (N. B. A.), élève de Cormon — 17, avenue de Tourville, Paris.

244 Crépuscule (huile).

LAURENS (Jean-Pierre),
né à Paris, méd. 3e cl. (A. F.) (N. B. A.), Sre, élève de Bonnat — 9, rue Falguière, Paris.

245 Bateau de pêche (Fécamp). (huile).

LAURENT-YSELL (Lucien),
né à Paris (M. H.), élève de Cabanel et Maignan — 50, rue Saint-Georges, Paris.

246 Le retour des champs (campagne de Menton) (huile).
247 La pointe de Porquerolles (Iles d'Hyères), id.
248 Le port de Gien (Iles d'Hyères), id.

LEGREUX (Gaston),
né à Paris (A. F.) (M. H.), Sre — 19, rue de Vintimille, Paris.

249 Pivoines (huile).
250 Au bord du lac, souvenir d'Evian, id.
251 Anémones, id.
252 Hortensias bleus, id.
253 Chardons (aquarelle).
254 Pensées, id.

LESSIEUX (Louis-Ernest),
né à La Rochelle, élève de Max Lalanne, Menton (Alpes-Maritimes).

255 Etude de rochers au cap Martin (aquarelle).
256 Vague de la plage des Basques, id.
257 Rochers sous le phare de Biarritz, id.

LIGNIER (James),
né à Aignan-le-Duc (M. H.) (A. F.) (N. B. A.), S[re], élève de Cabanel — 11, square de Messine, Paris.

258 Marin de Villefranche (huile).
259 Maison ensoleillée à St-Jean, id.
260 La fille du Meunier (bluterie), id.

LIZAL (Alex.),
né à Dax (A. F.), élève de MM. Gérôme, Alb Maignan et Achille Zo — 32, rue Gabrielle, Paris.

261 Avant l'orage (Hossegois) (huile).
262 Dans la grande Lande, id.
263 Chemin de sable, id.
264 Solitude, id.
265 L'assamblade, id.

MAGNE (Henri-Marcel),
né à Paris, élève de L.-O. Merson — 147, avenue de Villiers, Paris.

266 Etudes de Grèce :
1. Au Parthénon (huile).
2. Coucher de soleil sur l'Acropole (huile).
3. Le Pirée, id.
4. Le port de Gallipoli, id.
5. Vue de Tarente, id.

267 Nabeul (Tunisie) (aquarelle).
268 Une porte à Sfax, id.
269 La boutique de Barbouchi à Tunis (aquarelle).
270 Le nymphée de Zaghoran, id.

MAILLAUD (Fernand),
né à Mouhet (Indre) (M. H.), élève de Humbert et Wallet — 3, rue de l'Estrapade, Paris.
271 Route d'Issoudun (automne).
272 La Sainte-Chapelle (Paris matin).
273 Rio San Paulo Venise.
274 Marché d'Issoudun.

MASSON (Georges),
né à Etretat (A. F.), S[re], élève de Bonnat et Maignan — 12, boulevard Pereire, Paris.
275 Port du Socoa (huile).
276 Entrée de Passages, id.
277 Meules au soleil couchant, id.

MATISSE (Auguste),
né à Nevers, élève de Bonnat — 2, rue Méchain, Paris.
278 Sainte-Famille.
279 Les Pieuvres.
280 Marine.
281 Marine.
282 Soir doré (pastel).

MAYET (Léon),
né à Paris (M. H.), élève de Bonnat et Cormon — 172, rue Championnet, Paris.
283 Intérieur (salon de 1904).
284 Paysage.

MERSON (Luc-Olivier), O.
membre de l'Institut — rue Denfert-Rochereau, 18, Paris.
285 Le roi Mage (dessin).
286 Les bas enchantés, id.

MOCH (Andrée),
née à Paris, élève de Salzédo, G. Leroux, P. Leroy, Merson et Marqueste — rue Campagne Dremière, 9, Paris.
287 Chambre des farines au moulin de Lapouyade.

288 Derniers rayons à Port (Gironde).
289 Fleurs d'automne au Luxembourg.
290 Coin du Luxembourg.
291 Etude de femme (dessin à la sanguine).
292 Vieille Espagnole (fusain).
293 Types gascons, id.
293 bis (6 croquis dans un cache (dessins).

MOISSET (Maurice),
né à Paris (M. H.) méd. 2e cl. (A. F.), Sre — 3, rue Viette, Paris.

294 Soir à Beaumont-le-Roger (huile).
295 Environs de Nantes, id.

MONTHOLON (François de),
né à Paris (M. H.), méd. de 3e cl., élève de Dordozé, Boulanger et Lefebvre — rue des Martyrs, 20, Paris.

296 Calle Mayor, Fontarabie (pastel).
297 Vieilles maisons à Fontarabie.
298 Fontarabie vue d'Hendaye.

MOREAU (Frédéric),
né à Saint-Jean-d'Angély (Ch.-Infér.), élève de Louis Cabié (A. F.) — 13, cours Saint-Jean, Bordeaux.

299 Bords de la Charente, Angoulême (huile).
300 Chaume matinée d'automne, id.

NEYMARK (Gustave),
né à Poitiers (M. H.) (A. F.), Sre, élève de Bonnat —32, rue Notre-Dame-des-Victoires, Paris.

301 Sortie de l'Opéra (tableau).
302 Le pesage à Maisons-Laffitte, id.
303 Stable boy (dessin).
304 Tombé au mur, id.
305 La rentrée du vainqueur, id.

OURY (Louis),
né à Montauban, élève de Chapu et Aulh — 43, rue de France, Biarritz.

306 Dessins-originaux de la *Petite Revue du Midi.*

PASCAU (Eugène),
né à Bayonne (M. H.) (A. F.), S^{re}, élève de MM. Jolyet et Bonnat — 112, boulevard Malesherbes, Paris.

307 Portrait de M. Michel Filippi.
308 Madame Angélique Marie.
309 Portrait de Mlle A***.
310 Portrait de M. Pierre Perret (dessin).
311 Portrait de M. René Coste, id.
312 L'écolière, id.

PICABIA (Francis),
né à Paris (A. F.), S^{re}, élève de Cormon, Humbert et Vallet — 15, rue Hégésippe Moreau, Paris.

313 Pont du Carrousel, bords de la Seine (huile).

PICHONNEAU (Mlle Elisabeth),
née à Bayonne, élève de M. Jolyet — 14, rue Tour-de-Sault, Bayonne.

314 Portrait d'enfant (huile).
315 Tête de fillette (étude), id.

PRELL (Walter),
né à Leipzig, élève de J.-P. Laurens, B. Constant et A. Rigolet — 2, rue Crétet, Paris.

316 La vallée du Nil près Louxor.
317 Premières verdures (S.-et-O.).
318 Falaise près de Biarritz.
319 San Piétro di Porto Vénere (Italie).

PREVOT (Jacques-Abel),
né à Bordeaux (M. H.), élève de Paulin — rue Beaubadat, 1, Bordeaux.

320 Vue du clos Le Bergat, St-Emilion (Gironde) (aquarelle).
321 Intérieur de l'église monolithe, id., id.
322 Peintures murales du XIIIe siècle à Sainte-Marie de Saint-Emilion, id.
323 Ivoire en vraie grandeur du XVIe siècle ; 2 martres à demi grandeur du XIVe siècle (aquarelle).

RAPILLY (Léon) ✪
né à Paris (A. F.) S^{re}, élève de Paul Schmidt — 44, rue Gay-Lussac, Paris.

324 La tour et le pont de Moret sur le Loing (huile).

RAVANNE (Gustave), ✻
né à Meulan (Seine-et-Oise), méd. 2e cl. (A. F.), H. C., S^{re}, élève de Bonnat, Busson, Cormon — 12, boulevard Pereire, Paris.

325 Après le retour des pêcheurs.
326 Pleine mer.
327 Marché au poisson.
328 A marée basse, le soir (aquarelle).

RAYMOND de BROUTELLES (Maurice),
né à Genève, élève de Chapu.

329 Lever de la lune (Landes) (huile).

RIBERA (Pierre), ✻
(M. H.) (A. F.), S^{re}, élève de Bonnat — 77, rue d'Amsterdam, Paris.

330 Farniente (huile)
331 Flamencas, id.
332 Buveur, id.
333 Etude p. tableau, Lettres d'amour, id.

ROBY (Gabriel),
né à Bayonne (A. F.) (N. B. A.), art. indép., S^{re}, élève de Jolyet et Bonnat — 32, rue de l'Arbalète, Paris.

334 Mont Ursuya (automne), Cambo.
335 Platane, Cambo.
336 Clair de lune, Cambo.
338 Arc-en-ciel, Cambo.
337 Place d'Urrugne, Cambo.
339 Bords de la Nive à Bayonne.

RODRIGUES-ELY (Albin),
né à Marseille, S^{re}, élève de A. Zo — Cambo (Basses-Pyrénées).

340 La chapelle de Concarneau (Finistère).

ROSSERT (Paul),
né à Lannoy (Nord), élève de Carolus Durand — 11, rue de Bagneux, Paris.

341 Fontarabie (aquarelle).
342 La Falaise de St-Jean-de-Luz, id.

ROYER (Henri), ✻
né à Nancy, méd. 2e cl., H. C. (A. F.), Prix national, S^{re}, élève de MM. J. Lefebvre et Flameng, — 18, rue de Tilsitt, Paris.

343 Le conte de grand'mère (dessin).
344 Les tartines, id.

SALIÈRE (Mme Marie),
née à Bayonne (A. F.), S^{re}, élève de Luc-Olivier Merson, Grasset et Fierard — 8, rue Vainsot, Bayonne.

345 Repas du pauvre (nature morte) (huile).
346 Nature morte (raisins, pêches), id.
347 Etude de chrysanthèmes, id.

SALZEDO (Paul),
né à Bordeaux (M.), élève de Bonnat — 75, rue Peyronnet, Bordeaux.

348 La Soliste (huile).

SAUBÈS (Daniel-Léon), ✳
né à Guiche méd. 2e cl., H. C. (A. F), Sn, élève de Bonnat — 15, rue Cauchois, Paris.

349 La pomme d'api (huile).
350 Veille de fête dans une métairie du Béarn, id.

SERVAL (César),
né à Saint-Jean-Pied-de-Port (B.-P.).

351 La Nive à Cambo-les-Bains (huile).
352 Bagnères de Bigorre, rue de l'Horloge, id.

SIEBURGH (Mlle Eulalie),
née à La Haye (A. F.), élève de Bouguereau et Robert Fleury — 12 B. porte Voorhout (Hollande).

353 Vieillard à la tête chauve.

SIMONNET (Lucien),
né à Paris, H. C. (M. H.), méd. 2e et 3e cl., élève de G. Boulanger, Nozal et Jules Lefebvre — 3, rue des Rouillès, à Sèvres (Seine-et-Oise).

354 Le soir à Hendaye.
355 Les bords de la Nivelle (St-Jean-de-Luz).
356 Hendaye (aquarelle).
357 Fontarabie., id.

SON (Joannès) ⟡ I. P.
né à Lyon (A. F.) (M. H.), élève de Ed. Yon — 30, rue Fontaine, Paris.

358 Canal à Dordrecht (Hollande).
359 Matinée à Pont d'Ain.
360 Moulin en Hollande.
361 Bords du Suran (Ain).
362 Le soir bords de l'Ain (pastel).
363 Le soir, St-Waast-la-Hougue (Manche) (pastel).

SOULANGE-BODIN,
né à Naples (Italie) (A. F.), élève de Cormon.

364 Paysage (huile).
365 Paysage, id.
366 Paysage, id.
367 Paysage, id.

SAINT-GERMIER (Joseph), ☼
né à Toulouse, méd. 2e cl., H. C. (A. F.), Sre, élève de M. Cabanel — 11, square de Messine, Paris.

368 Intérieur à Tunis.
369 Femme Tunisienne.
370 Une cour à Tunis.

STERNBERG-DAVIDS (N.),
demeurant à Paris, 18, rue Fourcroy.

371 Portrait de M. Ed. Sei (huile).
372 Portrait du docteur C., id.
373 La vieille-type du pays basque, id.
374 Mon portrait, étude, id.

SUREDA (André),
né à Versailles (A. F.) — 62, rue de Rome, Paris.

375 Jardin à Grenade.
376 Mendiants à Salamanque (aquarelle).
377 Marché à Bruges, id.
378 Marché à Gand, id.
379 Entrée du port d'Honfleur, id.
380 Dordrecht, ouragan (lithographie).

SYNAVE (Tancrède),
né à Paris, méd. 3e cl. (A. F.), Sre, élève de Benjamin Constant, J. Lefebvre et G. Ferrier — 34, rue du Mont-Cenis, Paris.

381 Le tramway (Paris).
382 Petite Flamande.

THÉVENIN (Henri-Félix)),
né à Paris, élève de L.-O. Merson et P. Vayson — La Pinsonnière, Montfort l'Amaury (S.-O.).

383 Setters en arrêt.

THOMAS (Henri-Auguste),
né à Paris, élève de L.-O. Merson, Ménard et Prinet.

384 Jardin à Cannes.
385 Les palmiers.
386 L'hôtel Beau-Rivage à Cannes.
387 Jardin à Vallauris.

THURNER (Gabriel),
né à Mulhouse, méd. 2e cl., H. C. (A. F.) (M. H.), élève de Chabol — 14, rue des Volontaires, Paris.

388 Chez le grand-père (intérieur breton)
389 Le dimanche de Cendrillon.
390 Premiers pas (intérieur breton).
391 Le lac du Bourget (Aix-les-Bains).

TILLIER (Paul),
né à Bompère (Vendée) (A. F.), Sre, élève de Léon Coignet — 30, rue Guillaume-Tell, Paris.

392 Madame Arlequin.
393 Le canapé.
394 Le dos d'Anne.
395 Parisienne.

TURGY (Paul Baron de),
né à Metz (A. F.), Sre, élève de J. Lefebvre et Robert Fleury — 18, rue du Château, Biarritz.

396 La forge (huile).
397 A la bataille de fleurs, id.

VASQUEZ (Carlos),
Alsina, 11, San Gervaiso, Barcelona.

398 Dans les cactus (Grenade).
399 Idylle (Grenade).

YMART (Mme Marguerite),
née à Castres, Sre, élève de Toulouse-Lautrec et H. Rachon — 3, allées du Busca, Toulouse.

400 Phlamide à fleur rouge (huile).
401 Oranges, id.

402 Chrysanthèmes, id.
403 Roses trémières, id.

ZO (Henri),
né à Bayonne, médaille 2e cl., **H. C.** (A. F.), élève de Achille Zo, Bonnat et Maignan — 9, rue Falguière, Paris.

404 Un picador.
405 Portrait de Mlle B.

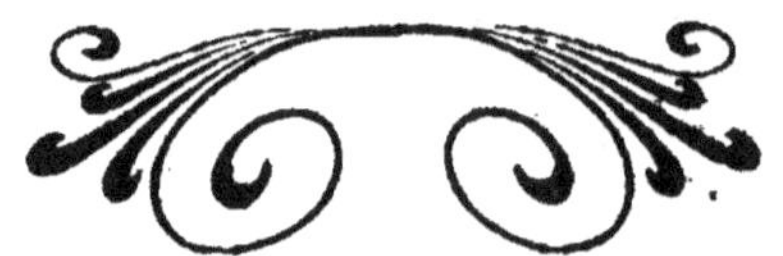

SCULPTURE

BENOIT-LÉVY (Albert),
né à Paris (M. H.) (A. F.), S[re], élève de M. Leroux — 30, avenue, Malakoff, Paris.

406 Satyre et Bacchante.
407 Etude de bébé.

BARTHE (Xavier),
né à La Selve, méd. 3e cl. (A. F.), S[re], élève de Puech et Mercier — 183, rue Lecourbe, Paris.

408 L'amour indiscret (groupe marbre).
409 Mutine (bronze, cire perdue).

DUFRASNE (Gabriel-Jean-Marie),
né à Paris, élève de MM. E. Leroux et Barrias — 33, rue Bayen, Paris.

410 L'antiquaire.

FERNANDEZ-PATTO (Lucien),
né à Paris — 30, avenue Malakoff, Paris.

411 Martyrs Basques (groupe plâtre).
412 Daphné (statuette marbre).
413 Buste (mon portrait).

FROMENT-MEURICE (Jacques),
né à Paris (A. F.) (M. H.) (N. B. A.), S[re], élève de MM. Chapu, Zo et Patey — 38, rue Boileau, Paris.

414 Vitrine contenant des bronzes et des grés :
1. Vieillesse (bronze).
2. Chien griffon irlandais (bronze).
3. Têtes de briquets d'Artois (bronze).
4. Amour vénal (esquisse grés).
5. Rêve (esquisse grés).
6. Méditantur pretia cudo (esquisse grés).
7. Assomption (grés).

415 Surtout de table (bronze argenté).
416 Piqueur et briquet d'Artois (statuette équestre bronze).

FOURNIER (Paul),
né à Paris, élève de Falguière — 4, rue Théodore Ribot, Paris.

417 Salomé (statuette bronze).

GABARD (Ernest),
né à Pau — route de Bordeaux, Pau.

418 Pelotari (sculpture plâtre).

LEVASSEUR (Louis-Henri),
né à Paris, H. C., membre du Jury, élève de Dumont, Delaplanche et Thomas — Villa d'Alésia, 37, Paris.

419 Le nid (terre cuite).

MELIN (Paul),
né à Fontainebleau — 30, avenue Malakoff, Paris

420 Condotière (buste marbre décoratif), (original).
421 Louis XI (buste terre cuite), id.

MOCH (Andrée),
née à Paris, élève de Salzédo, G. Leroux, P. Leroy, Merson et Marqueste — rue Campagne Dremière, 9, Paris.

422 Méditation, étude de vieillard (statue plâtre).
423 Portrait de Laurence (buste plâtre.
424 Papillons mexicain (plâtre patiné).

OURY (Louis),
né à Montauban (A. F.) (M. H.), S[re], élève de Chapu et Aulh — 43, rue de France, Biarritz.

425 Vasque (sujet plâtre).
426 Jardinier (terre cuite).

ARCHITECTURE

GOMEZ (Louis),
né à Bayonne, élève de M. Paulin — 19, boulevard Gambetta, Cahors.

427 *a. b.* Hôtellerie au bord de la Mer adossée à la falaise (première mention à l'Ecole des Beaux-Arts).
428 *c. d.* Succursale de Banque de France.
429 *e. f.* Salle des Pas-Perdus d'un Palais parlementaire.

GOMEZ (Benjamin),
né à Bayonne, élève de M. Adoue — 49, rue Sainte-Catherine, Bordeaux.

430 Projet de banquette d'antichambre art nouveau (aquarelle).

PRÉVOT (Jacques-Abel),
né à Bordeaux (M. H.), élève de Paulin — rue Beaubadat, 1, Bordeaux.

431 Villa de Monsieur X. à T.
432 Plans, façades, coupes.

Arts Décoratifs et Objets d'Art

DARRECAGAIX (Mlle Hélène),

433 Une vitrine contenant :
1. Deux coffrets cuir.
2. Un cache-pot.
3. Un vase.
4. Deux porte-cigarettes.

ENGRAND (Georges),
né à Aire-Splalys (Pas-de-Calais), méd. de 3e cl. (A. F.), élève de Cavalier et de Touy-Noël -- 119 bis, rue Saussure, Paris.

434 Rieuse (terre cuite).
435 Vase nénuphars (étain patiné).

JACQUELIN (Marguerite Mlle), officier d'Académie, née à Paris, élève de L. Bonnat et Tony Robert-Fleury.

436 Une Vitrine contenant des cuirs d'art :
1. 1 Buvard capricorne genre japonais ;
2. 1 Buvard feuilles géranium ;
3. 1 Porte-carte de femme ;
4. 1 Liseuse (fleurs des Alpes) ;
5. 1 Coffret ;
6. 1 Tête genre décoratif ;
7. 1 Ceinture plume de paon ;
8. 1 Soufflet ;
9. 1 Calepin d'homme ;
10. 1 Buvard les grenouilles ;
11. 1 Brosse à pain ;
12. 1 Porte-cigarette ;
13. 1 Petit Coffret.

LELIÈVRE (Eugène-Octave),
né à Paris, méd. de 3e cl., élève de Mittenop, Ph. Nay et Th. Barrau — rue Debilleyme, 12, Paris.

437 Une vitrine contenant :
1. Vase char de la nuit (bronze doré).
2. Vase cardon, id.
3. Coupe-papier, ombelles (argent doré).
4. Encrier (renard et raisins) (bronze doré).
5. Coffret ombelles, id.
6. Boîte aiglon, id.
7. Petite boîte (porcelaine Empire).
8. Petite boîte (porcelaine Louis XIV).
9. Bague tête aigle (argent doré).
10. Bague sirène (or).
11. Epingle de cravate, ombelles (argent doré).
12. Epingle de cravate, réveil coq, id.
13. Epingle de cravate, hibou nuit, id.
14. Pendantif, tête de femme moderne (argent fondu doré).
15. Broche parisienne (argent doré émail).
16. Broche parisienne (argent doré sans émail).
17. Broche parisienne, ombelles (argent doré émail).
18. Petit cartel Louis XVI, genre ancien (bronze doré).
19. Bague livre enfants (argent doré).
20. Canne aiglon, id.
21. Lime à ongles (argent doré massif).
22. Broche livre enfants (argent).
23. Pendantif charmeuse (argent doré).

LEVASSEUR (Louis-Henri),
né à Paris, H. C., membre du Jury, élève de Dumont, Delaplanche et Thomas — villa d'Alésia, 37, Paris.

438 Potiche étain.
439 Ce soir (bronze Decauville).
440 Encrier étain.
441 Une lumière électrique.

MAILLARD (Auguste),
né à Paris, méd. de 2e cl., élève de Falguière et Dalou, 112, boulevard Malesherbes, Paris.

442 6 portraits plaquettes cuivre argenté (gravure et médaille).

PATORNAY (Ange-Marie-Maurice de),
né à Paris, élève de Peynot — au Vésinet (Seine-et-Oise).

443 Brindis (bronze argenté, cire perdue).
444 Ovation, id.

RAYMOND de BROUTELLES (Maurice),
né à Genève, élève de Chapu.

445 L'Accalmie (statuette de bronze).
446 Etude d'expression (buste bronze).

SALIÈRE (Mme Marie),
née à Bayonne (A. F.), Sre, élève de Luc Olivier Merson — 8, rue Vainsot, Bayonne.

447 Vitrine contenant :
1. Une reliure cuir repoussé et teinté (moyen âge).
2. Un buvard, id.
3. Un porte-photogr. (hortensias), id.
4. Un porte photographie (tulipes), id.
5. Une liseuse, id.
6. Un porte-photographie (Belle de nuit), id.

www.ingramcontent.com/pod-product-compliance
Lightning Source LLC
LaVergne TN
LVHW010056230826
846091LV00005B/1957

* 9 7 8 2 0 1 1 8 9 5 9 0 5 *